This Book Belongs to

_____

_____

_____

1A - Consonants

กอ ไก่

kɔː kàʏ

/k/

ก

ก ก ก ก ก ก ก ก ก ก ก ก ก ก

ก ก ก ก ก ก ก ก ก ก ก ก ก ก

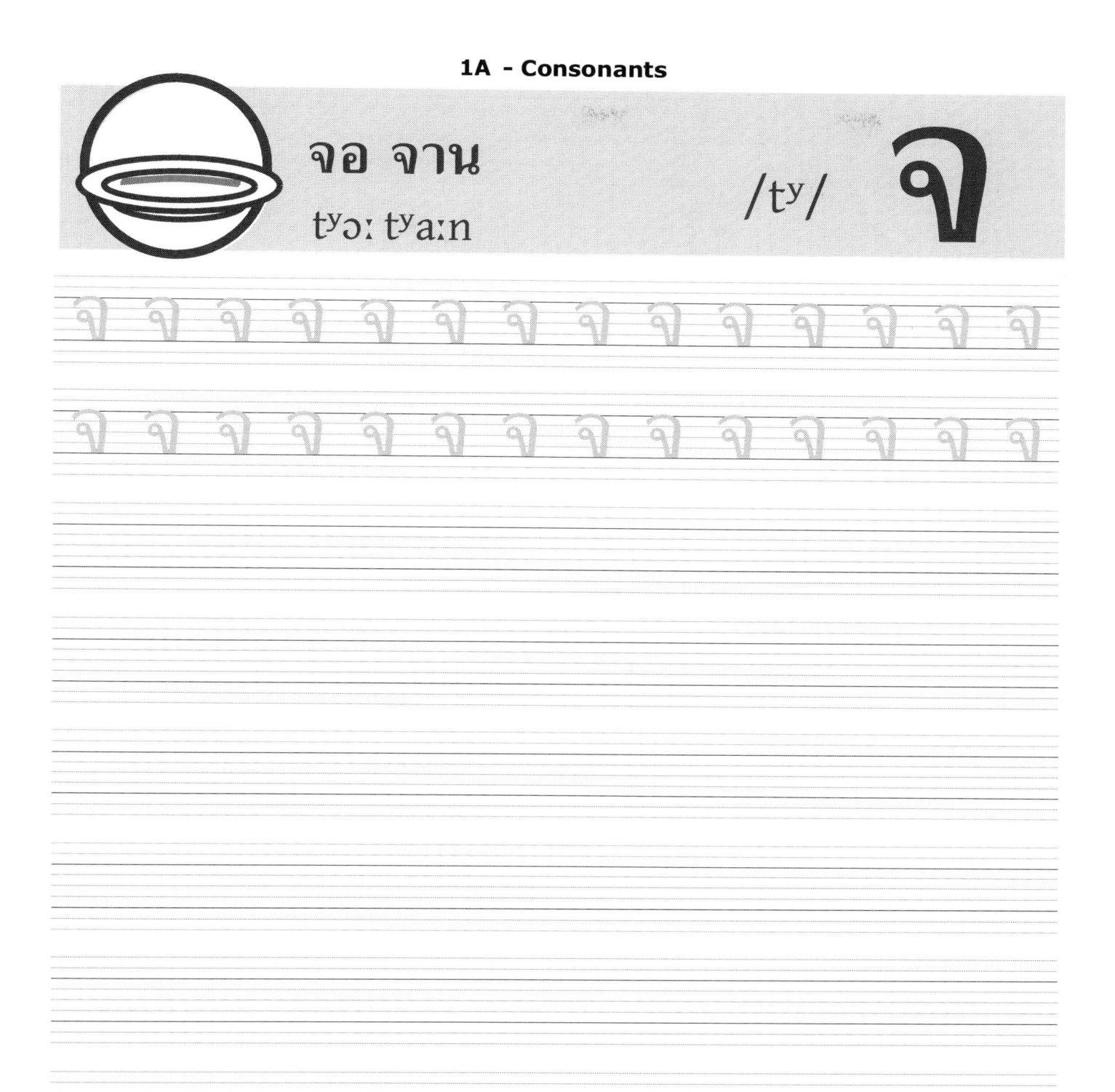

จอ จาน

t^{y}ɔː t^{y}aːn

/t^{y}/

จ

จ จ จ จ จ จ จ จ จ จ จ จ จ จ

จ จ จ จ จ จ จ จ จ จ จ จ จ จ

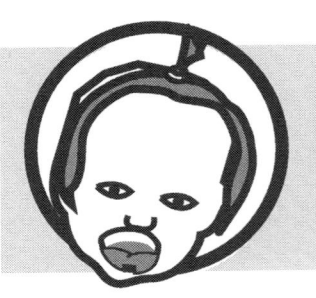

ดอ เด็ก

dɔː dèk

/d/

ด

ด ด ด ด ด ด ด ด ด ด ด ด ด ด

ด ด ด ด ด ด ด ด ด ด ด ด ด ด

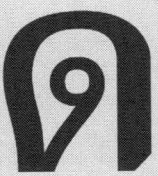

1A - Consonants

ฎอ ชะฎา
/d/ dɔː ʧadaː

/d/

ฎ

ฎ ฎ ฎ ฎ ฎ ฎ ฎ ฎ ฎ ฎ ฎ ฎ ฎ ฎ

ฎ ฎ ฎ ฎ ฎ ฎ ฎ ฎ ฎ ฎ ฎ ฎ ฎ ฎ

ตอ เต่า

tɔː tàw

/t/

ต

ต ต ต ต ต ต ต ต ต ต ต ต ต ต

ต ต ต ต ต ต ต ต ต ต ต ต ต ต

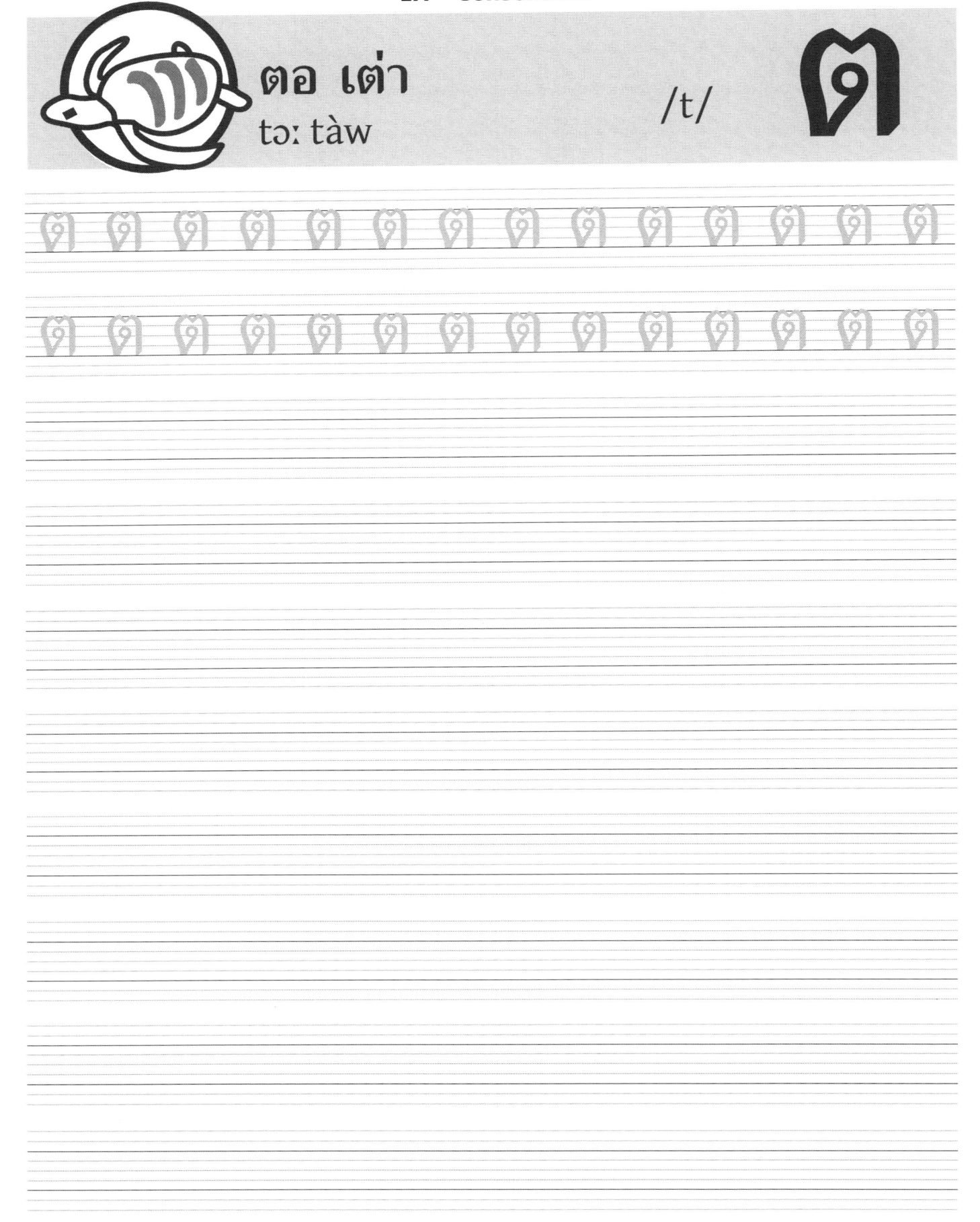

1A - Consonants

ฏอ ปฏัก
tɔː patàk

/t/ ฏ

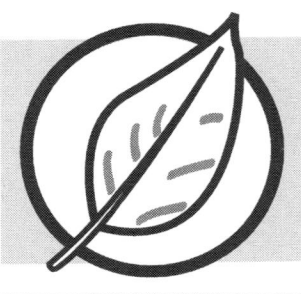

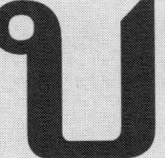

บอ ใบไม้

bɔː baymáːy

/b/

บ

บ บ บ บ บ บ บ บ บ บ บ บ บ บ

บ บ บ บ บ บ บ บ บ บ บ บ บ บ

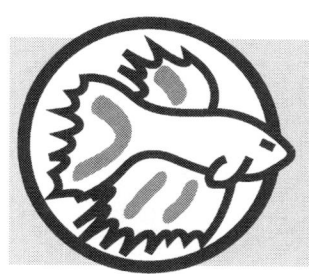

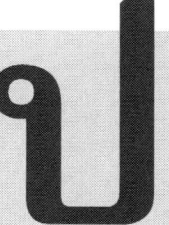

ปอ ปลา

pɔː plaː

/p/

ป

ป ป ป ป ป ป ป ป ป ป ป ป ป ป

ป ป ป ป ป ป ป ป ป ป ป ป ป ป

อออ่าง

ʔɔː ʔàːŋ

/ʔ/

อ

อ อ อ อ อ อ อ อ อ อ อ อ อ อ

อ อ อ อ อ อ อ อ อ อ อ อ อ อ

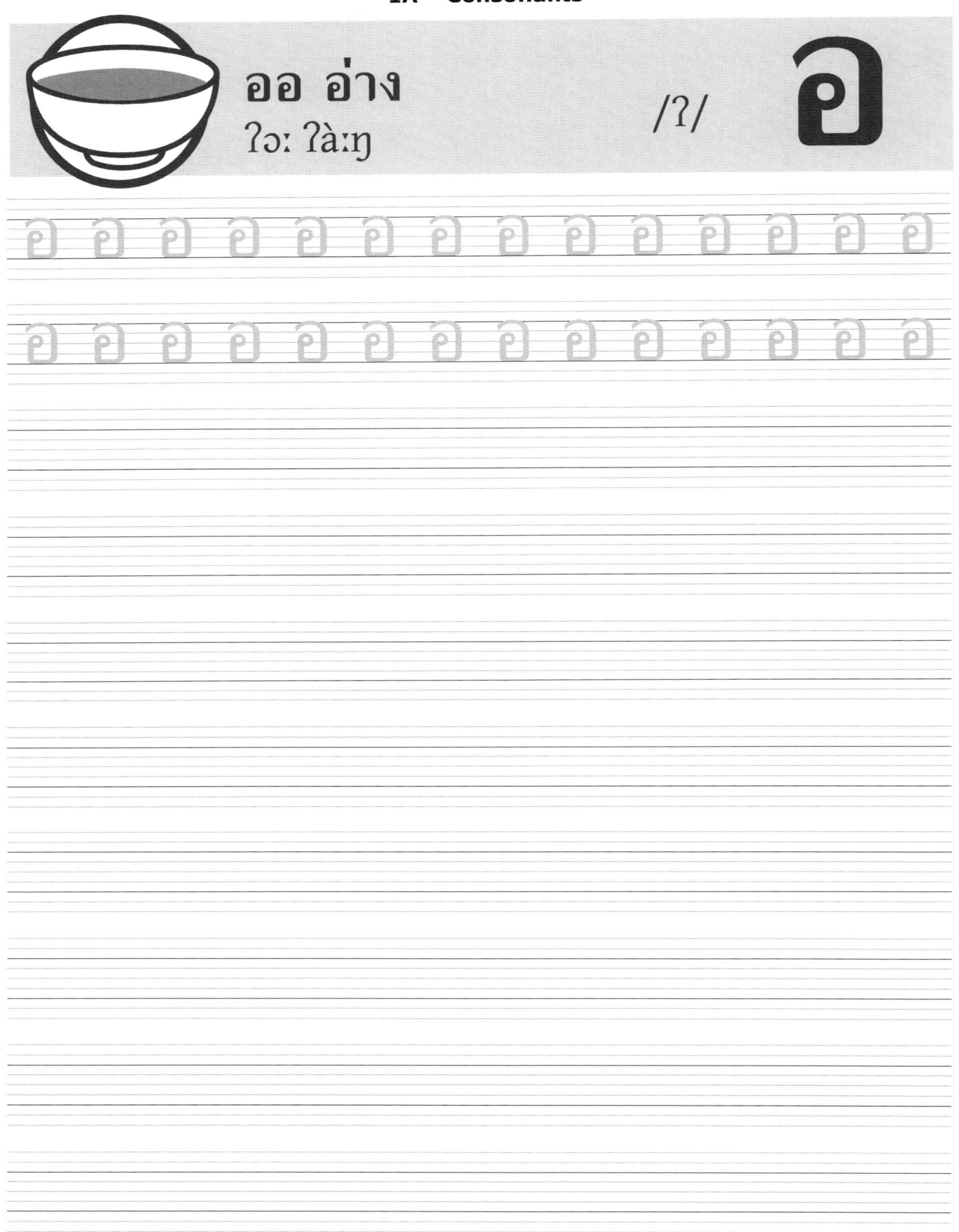

1A - Vowels

xา

/aː/ saɽàʔ aː

า า า า า า า

า า า า า า า

กา

จา

ดา

ฎา

ตา

ฏา

บา

ปา

อา

Xะ

/àʔ/ saɽàʔ àʔ

ะ ะ ะ ะ ะ ะ ะ
ะ ะ ะ ะ ะ ะ ะ

ะ ะ ะ ะ ะ ะ ะ
ะ ะ ะ ะ ะ ะ ะ

กะ

จะ

ดะ

ฎะ

ตะ

ฏะ

บะ

ปะ

อะ

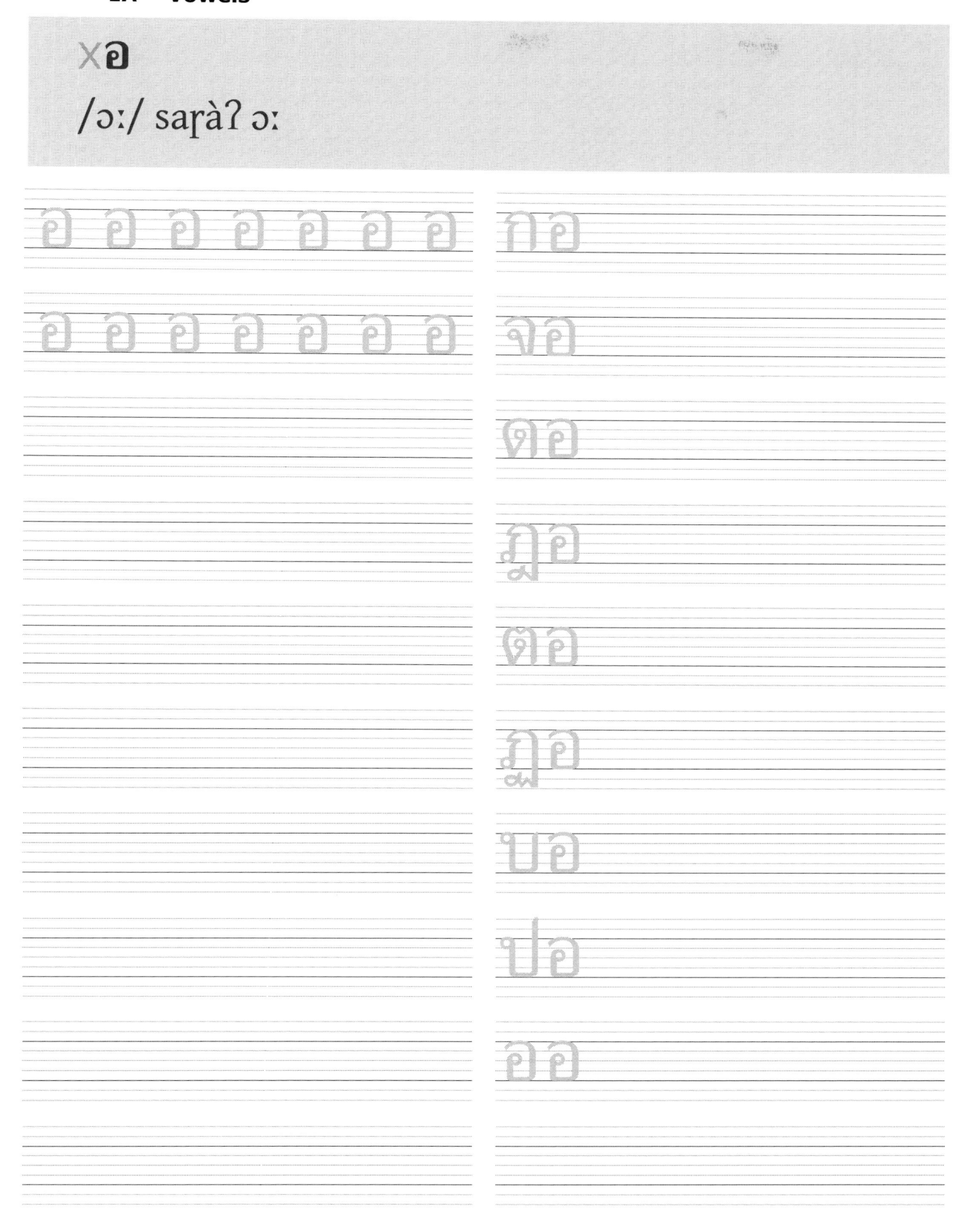

Xอ

/ɔː/ saɽàʔ ɔː

อ อ อ อ อ อ อ

อ อ อ อ อ อ อ

กอ

จอ

ดอ

ฎอ

ตอ

ฏอ

บอ

ปอ

ออ

1A - Vowels

เอาะ
/ɔʔ/ saràʔ ɔʔ

เอาะ เอาะ เอาะ

เอาะ เอาะ เอาะ

เกาะ

เจาะ

เตาะ

เกฺราะ

เตาะ

เกฺลาะ

เบาะ

เปาะ

เอาะ

1A - Vowels

Add more words

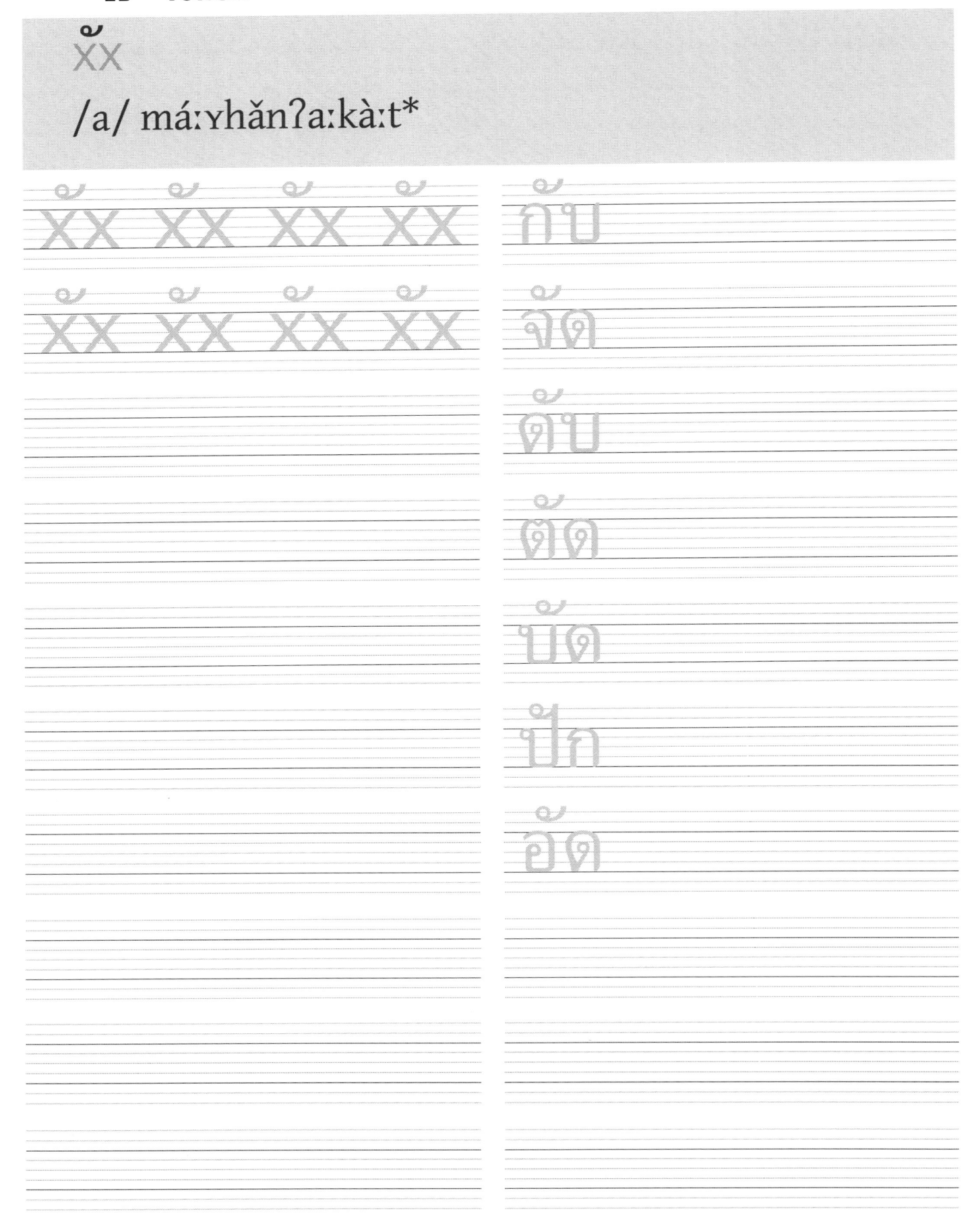

1B - Vowels

Xั X

/a/ máːɣhǎnʔaːkàːt*

Xั X Xั X Xั X Xั X

Xั X Xั X Xั X Xั X

กับ

จัด

ดับ

ตัด

บัด

ปัก

อัด

1B - Vowels

Add more words

1A - Numbers

๐ /sǔːn/ 0	๑ /nɯ̀ŋ/ 1

๐ ๐ ๐ ๐ ๐

๐ ๐ ๐ ๐ ๐

๑ ๑ ๑ ๑ ๑

๑ ๑ ๑ ๑ ๑

1A - Numbers

| ២ /sɔ̆ːŋ/ | 2 |

| ៣ /săːm/ | 3 |

1A - Numbers

๔

/sìː/ 4

๔ ๔ ๔ ๔ ๔

๔ ๔ ๔ ๔ ๔

๕

/hâː/ 5

๕ ๕ ๕ ๕ ๕

๕ ๕ ๕ ๕ ๕

໖
/hòk/ 6

໖ ໖ ໖ ໖ ໖

໖ ໖ ໖ ໖ ໖

໗
/t^yèt/ 7

໗ ໗ ໗ ໗ ໗

໗ ໗ ໗ ໗ ໗

๘
/pɛ̀ːt/ 8

๘ ๘ ๘ ๘ ๘

๘ ๘ ๘ ๘ ๘

๙
/kâw/ 9

๙ ๙ ๙ ๙ ๙

๙ ๙ ๙ ๙ ๙

2A - Consonants

ขอ ไข่

kʰɔ̌ː kʰàʏ

/kʰ/

ข

ข ข ข ข ข ข ข ข ข ข ข ข ข ข

ข ข ข ข ข ข ข ข ข ข ข ข ข ข

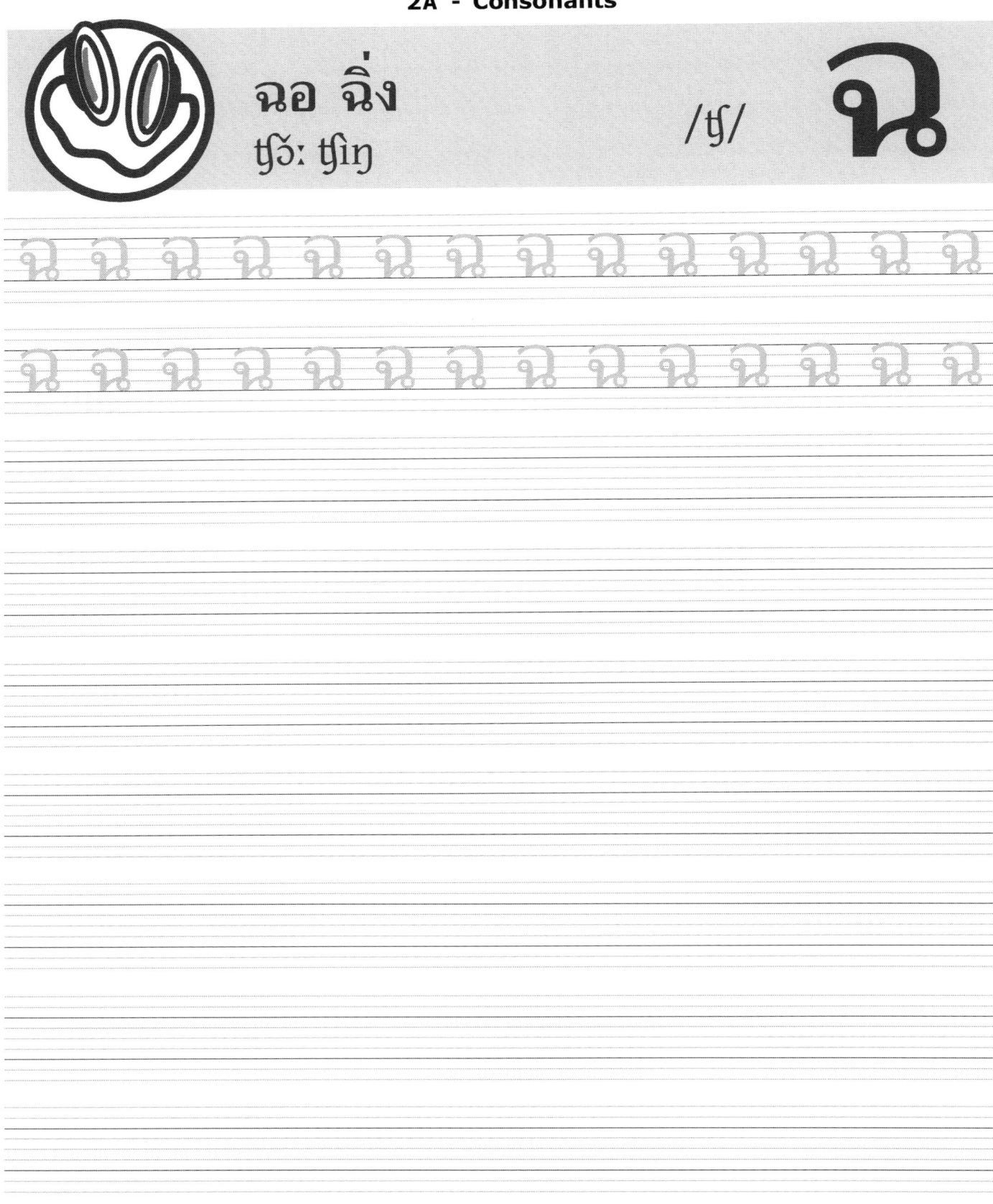

ฉอ ฉิ่ง

ʧɔ̌ː ʧìŋ

/ʧ/

ฉ

ฉ ฉ ฉ ฉ ฉ ฉ ฉ ฉ ฉ ฉ ฉ ฉ ฉ ฉ

ฉ ฉ ฉ ฉ ฉ ฉ ฉ ฉ ฉ ฉ ฉ ฉ ฉ ฉ

ถอ ถุง

tʰɔ̌ː tʰǔŋ

/tʰ/

ถ

ถ ถ ถ ถ ถ ถ ถ ถ ถ ถ ถ ถ ถ ถ

ถ ถ ถ ถ ถ ถ ถ ถ ถ ถ ถ ถ ถ ถ

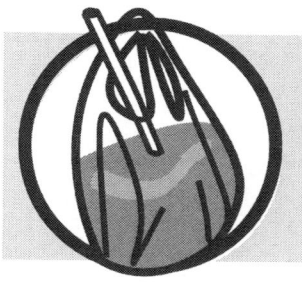

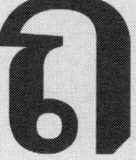

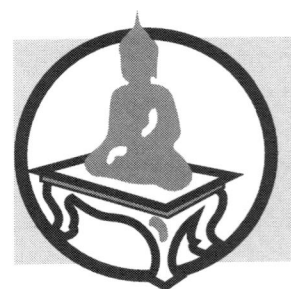

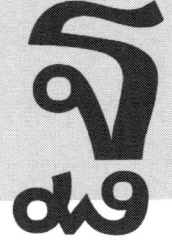

ฐอ ฐาน
thɔ̌ː thǎːn

/tʰ/

ฐ

ฐ ฐ ฐ ฐ ฐ ฐ ฐ ฐ ฐ ฐ ฐ ฐ ฐ ฐ

ฐ ฐ ฐ ฐ ฐ ฐ ฐ ฐ ฐ ฐ ฐ ฐ ฐ ฐ

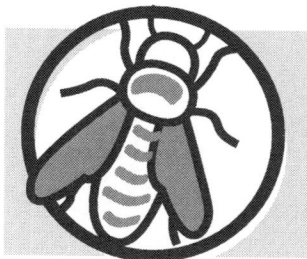

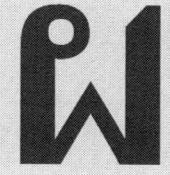

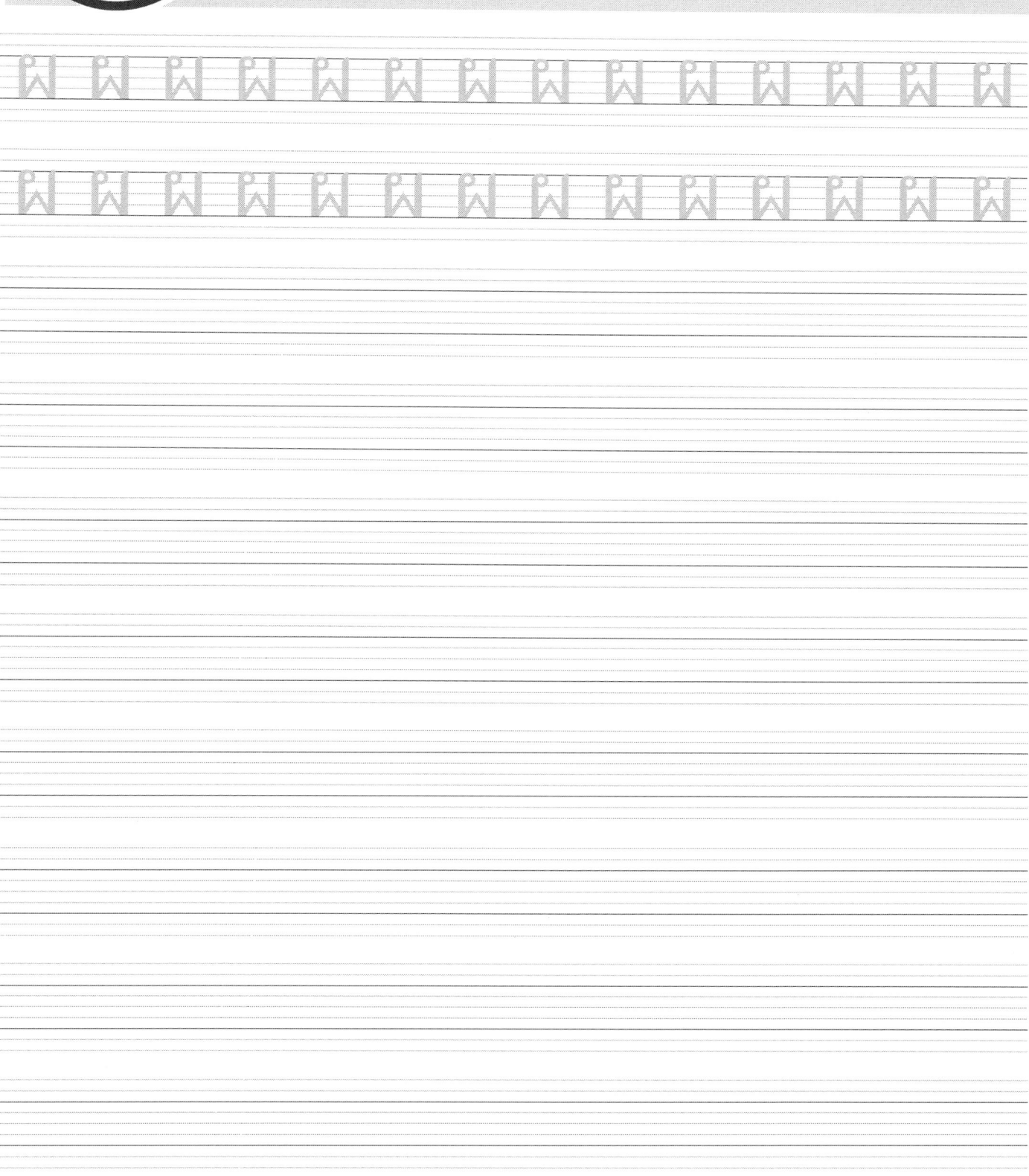

ผอ ผึ้ง

p^hɔ̌ː p^hɯ̂ŋ

/p^h/

ผ

ผ ผ ผ ผ ผ ผ ผ ผ ผ ผ ผ ผ ผ ผ

ผ ผ ผ ผ ผ ผ ผ ผ ผ ผ ผ ผ ผ ผ

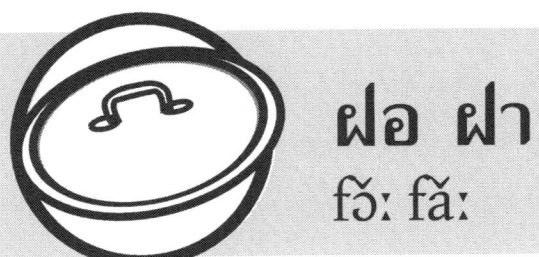

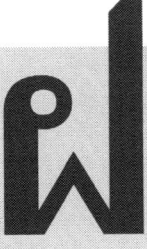

ฝอ ฝา

fɔ̌ː fǎː

/f/

ฝ

ฝ ฝ ฝ ฝ ฝ ฝ ฝ ฝ ฝ ฝ ฝ ฝ ฝ ฝ

ฝ ฝ ฝ ฝ ฝ ฝ ฝ ฝ ฝ ฝ ฝ ฝ ฝ ฝ

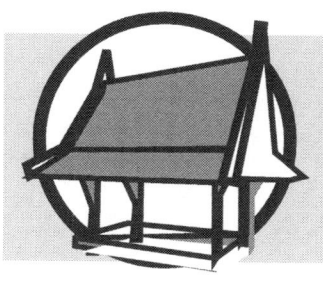

ศอ ศาลา

sɔ̌ː sǎːlaː

/s/

ศ

ศ ศ ศ ศ ศ ศ ศ ศ ศ ศ ศ ศ ศ ศ

ศ ศ ศ ศ ศ ศ ศ ศ ศ ศ ศ ศ ศ ศ

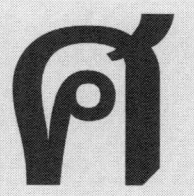

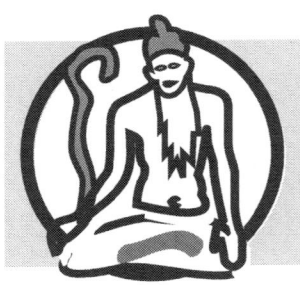

ษอ ฤๅษี

sɔ̌ː rʉsǐː

/s/

ษ

ษ ษ ษ ษ ษ ษ ษ ษ ษ ษ ษ ษ ษ ษ

ษ ษ ษ ษ ษ ษ ษ ษ ษ ษ ษ ษ ษ ษ

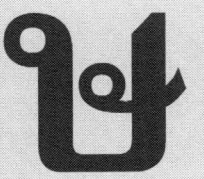

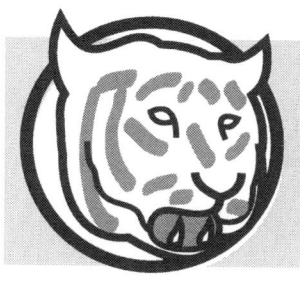

สอ เสือ

rɔ̌ː sɯ̌ːa

/s/

ส

ส ส ส ส ส ส ส ส ส ส ส ส ส ส

ส ส ส ส ส ส ส ส ส ส ส ส ส ส

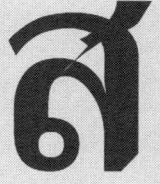

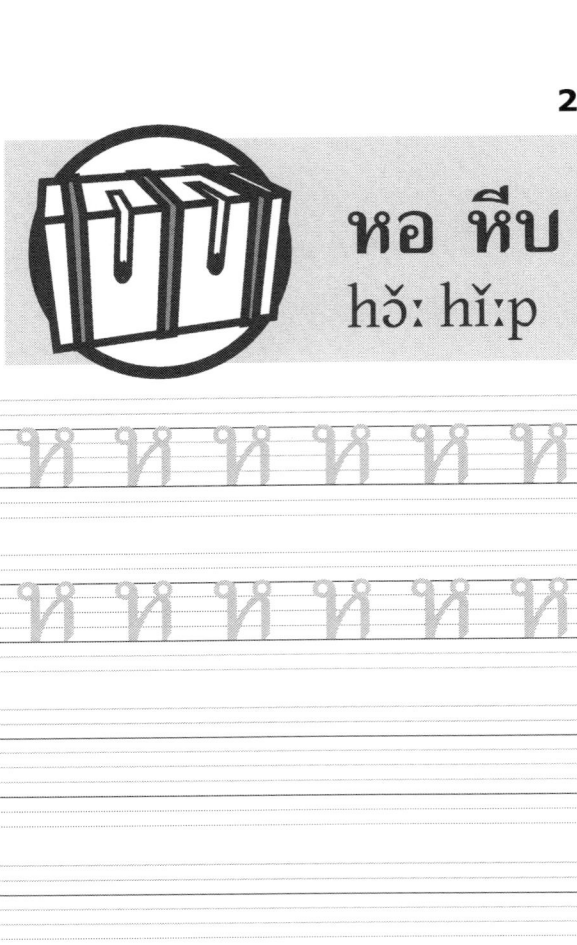

หอ หีบ

hɔ̌ː hǐːp

/h/

ห

ห ห ห ห ห ห ห ห ห ห ห ห ห ห

ห ห ห ห ห ห ห ห ห ห ห ห ห ห

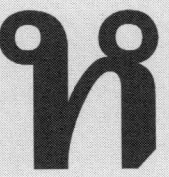

เX

/eː/ saɼàʔ eː

เ เ เ เ เ เ เ

เ เ เ เ เ เ เ

เข

เฉ

เถ

เฐ

เผ

เฝ

เศ

เษ

เส

เห

เXะ

/èʔ/ saɽàʔ èʔ

เXะ เXะ เXะ เXะ

เXะ เXะ เXะ เXะ

เขะ

เฉะ

เถะ

เฐะ

เพะ

เฟะ

เศะ

เษะ

เสะ

เหะ

แX

/ɛː/ saɾàʔ ɛː

แ แ แ แ แ แ แ

แ แ แ แ แ แ แ

แข

แฉ

แถ

แฐ

แผ

แฝ

แศ

แษ

แส

แห

แXะ

/ɛ̀ʔ/ saɽàʔ ɛ̀ʔ

แXะ แXะ แXะ

แXะ แXะ แXะ

แขะ

แฉะ

แถะ

แฐะ

แผะ

แฝะ

แศะ

แษะ

แสะ

แหะ

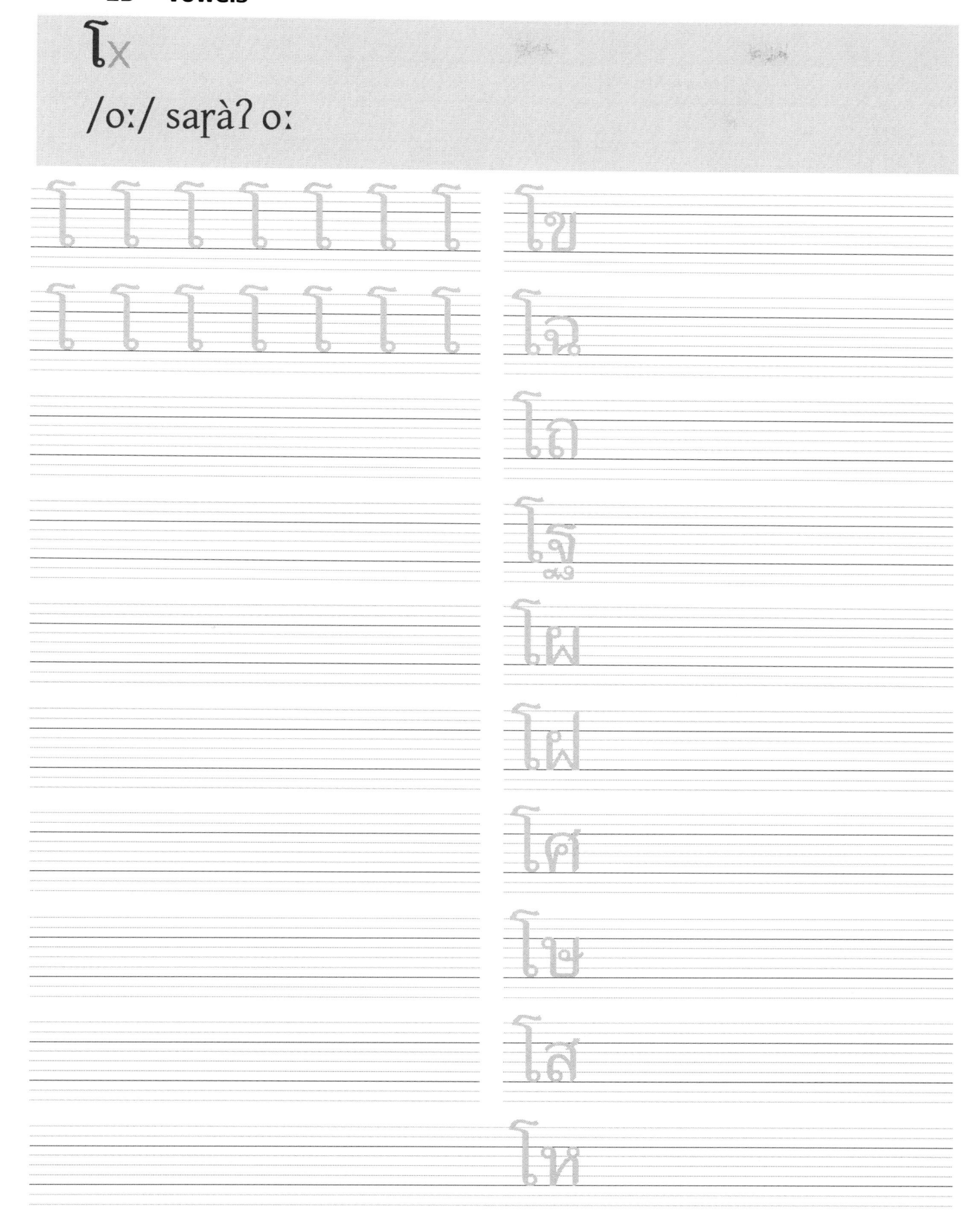

โx

/oː/ saɽàʔ oː

โ โ โ โ โ โ โ

โ โ โ โ โ โ โ

โข

โฉ

โถ

โฐ

โผ

โฝ

โศ

โษ

โส

โห

โxะ

/òʔ/ saɽàʔ òʔ

โxะ โxะ โxะ โxะ

โxะ โxะ โxะ โxะ

โขะ

โฉะ

โถะ

โฐะ

โผะ

โฝะ

โศะ

โษะ

โสะ

โหะ

2B - Vowels

Add more words

ไx

/aʏ/ máːʏ maːlaʏ

ไ ไ ไ ไ ไ ไ ไ

ไ ไ ไ ไ ไ ไ ไ

ไข

ไฉ

ไถ

ไฐ

ไผ

ไฝ

ไศ

ไษ

ไส

ไห

2B - Vowels

ใx

/aɣ/ máːɣ múːan

ใข
ใฉ
ใถ
ใจ
ใผ
ใส   ใฝ
ให   ใค้

ด์
X

máːɣ tàɣkʰúː

2B - Vowels

Add more words

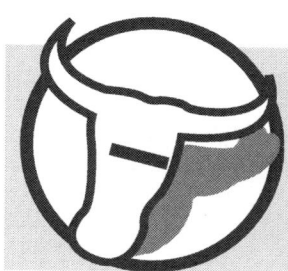

3A - Consonants

คอ ควาย

k^hɔ: k^hwa:ʏ

/k^h/

ค

ค ค ค ค ค ค ค ค ค ค ค ค ค ค

ค ค ค ค ค ค ค ค ค ค ค ค ค ค

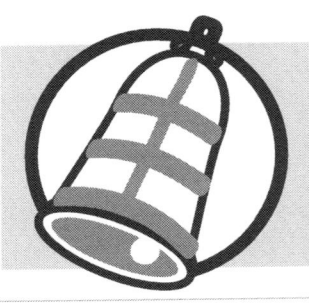

ฆอ ระฆัง

kʰɔː ɾákʰaŋ

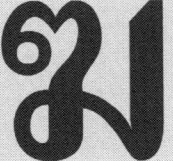

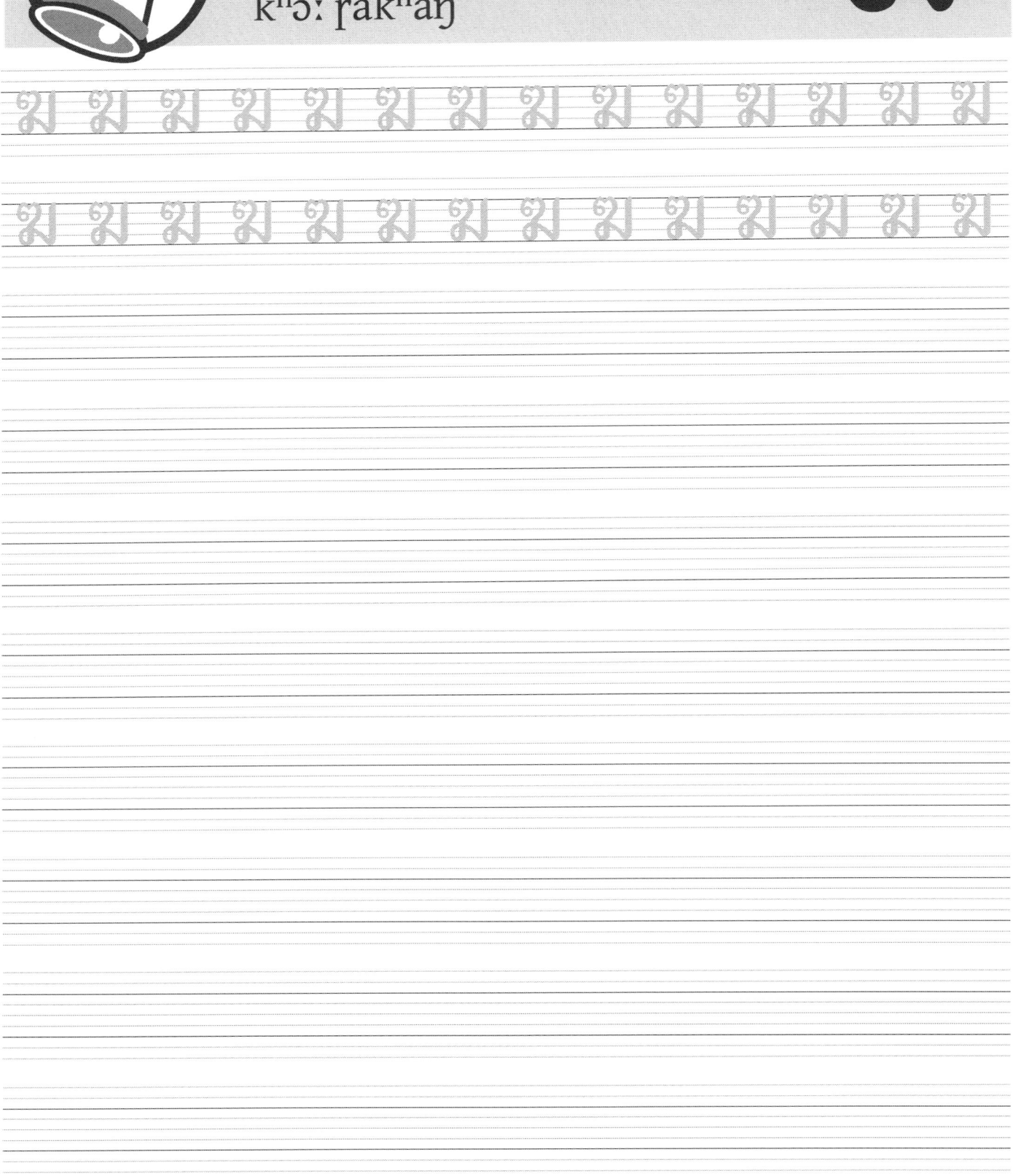

/kʰ/

ฆ

ฆ ฆ ฆ ฆ ฆ ฆ ฆ ฆ ฆ ฆ ฆ ฆ ฆ ฆ

ฆ ฆ ฆ ฆ ฆ ฆ ฆ ฆ ฆ ฆ ฆ ฆ ฆ ฆ

3A - Consonants

ชอ ช้าง

ʧɔː ʧáːŋ

/ʧ/

ช

ช ช ช ช ช ช ช ช ช ช ช ช ช ช

ช ช ช ช ช ช ช ช ช ช ช ช ช ช

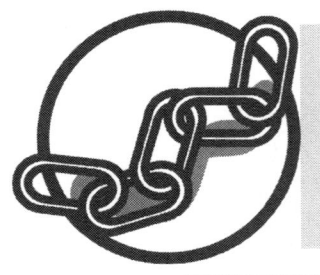

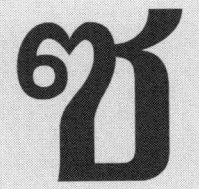

ซอ โซ่

sɔː sôː

/s/

ซ

ซ ซ ซ ซ ซ ซ ซ ซ ซ ซ ซ ซ ซ ซ

ซ ซ ซ ซ ซ ซ ซ ซ ซ ซ ซ ซ ซ ซ

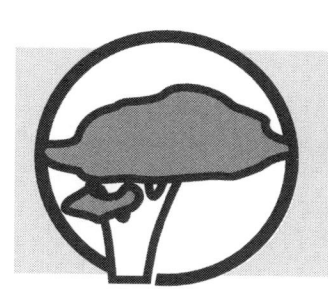

ฌอ เฌอ

ʧɔ: ʧə:

/ʧ/

ฌ

ฌ ฌ ฌ ฌ ฌ ฌ ฌ ฌ ฌ ฌ ฌ ฌ ฌ ฌ

ฌ ฌ ฌ ฌ ฌ ฌ ฌ ฌ ฌ ฌ ฌ ฌ ฌ ฌ

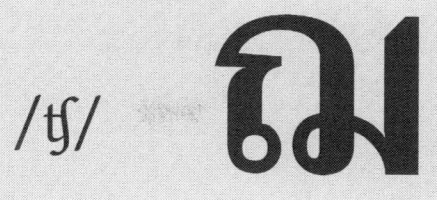

ทอ ทหาร

t^hɔː t^hahǎːn

/t^h/

ท

ท ท ท ท ท ท ท ท ท ท ท ท ท ท

ท ท ท ท ท ท ท ท ท ท ท ท ท ท

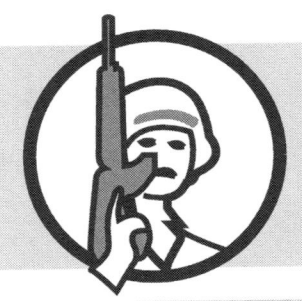

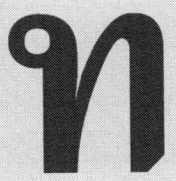

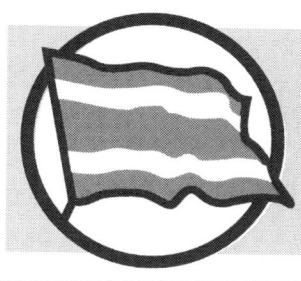

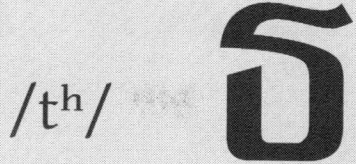

ธอ ธง

tʰɔː tʰoŋ

/tʰ/

ธ

ธ ธ ธ ธ ธ ธ ธ ธ ธ ธ ธ ธ ธ ธ

ธ ธ ธ ธ ธ ธ ธ ธ ธ ธ ธ ธ ธ ธ

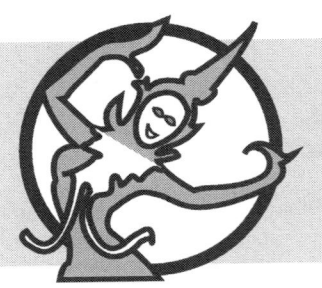

ฑอ มณโฑ

t^{h}ɔː mont^{h}oː

/t^{h}/

ฑ

ฑ ฑ ฑ ฑ ฑ ฑ ฑ ฑ ฑ ฑ ฑ ฑ ฑ ฑ

ฑ ฑ ฑ ฑ ฑ ฑ ฑ ฑ ฑ ฑ ฑ ฑ ฑ ฑ

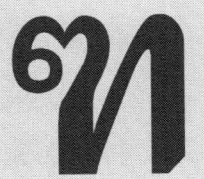

3A - Consonants

ฒอ ผู้เฒ่า

t^{h}ɔː p^{h}ûːt^{h}âw

/t^{h}/

ฒ

ฒ ฒ ฒ ฒ ฒ ฒ ฒ ฒ ฒ ฒ ฒ ฒ ฒ ฒ

ฒ ฒ ฒ ฒ ฒ ฒ ฒ ฒ ฒ ฒ ฒ ฒ ฒ ฒ

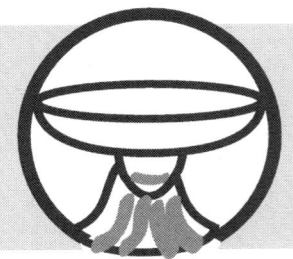

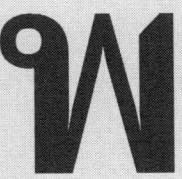

พอ พาน

pʰɔː pʰaːn

/pʰ/

พ

พ พ พ พ พ พ พ พ พ พ พ พ พ พ

พ พ พ พ พ พ พ พ พ พ พ พ พ พ

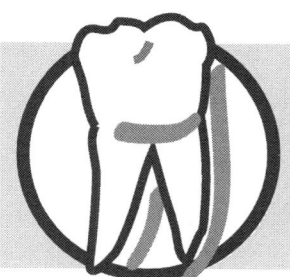

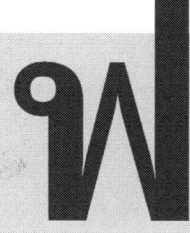

ฟอ ฟัน

fɔː fan

/f/

ฟ

ฟ ฟ ฟ ฟ ฟ ฟ ฟ ฟ ฟ ฟ ฟ ฟ ฟ ฟ

ฟ ฟ ฟ ฟ ฟ ฟ ฟ ฟ ฟ ฟ ฟ ฟ ฟ ฟ

ภอ สำเภา

p^{h}ɔː sǎmp^{h}aw

/p^{h}/

ภ

ภ ภ ภ ภ ภ ภ ภ ภ ภ ภ ภ ภ ภ ภ

ภ ภ ภ ภ ภ ภ ภ ภ ภ ภ ภ ภ ภ ภ

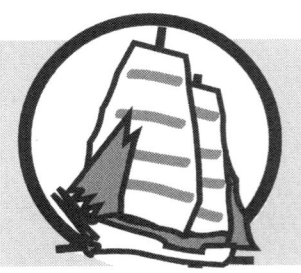

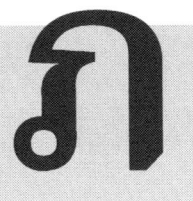

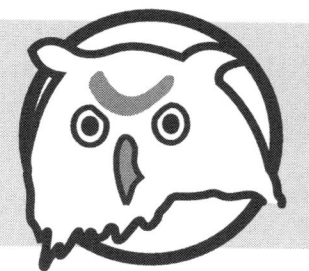

ฮอ นกฮูก
hɔː nók hûːk

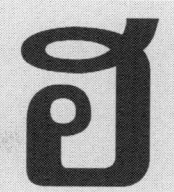

/h/

ฮ

ฮ ฮ ฮ ฮ ฮ ฮ ฮ ฮ ฮ ฮ ฮ ฮ ฮ ฮ

ฮ ฮ ฮ ฮ ฮ ฮ ฮ ฮ ฮ ฮ ฮ ฮ ฮ ฮ

3B - Vowels

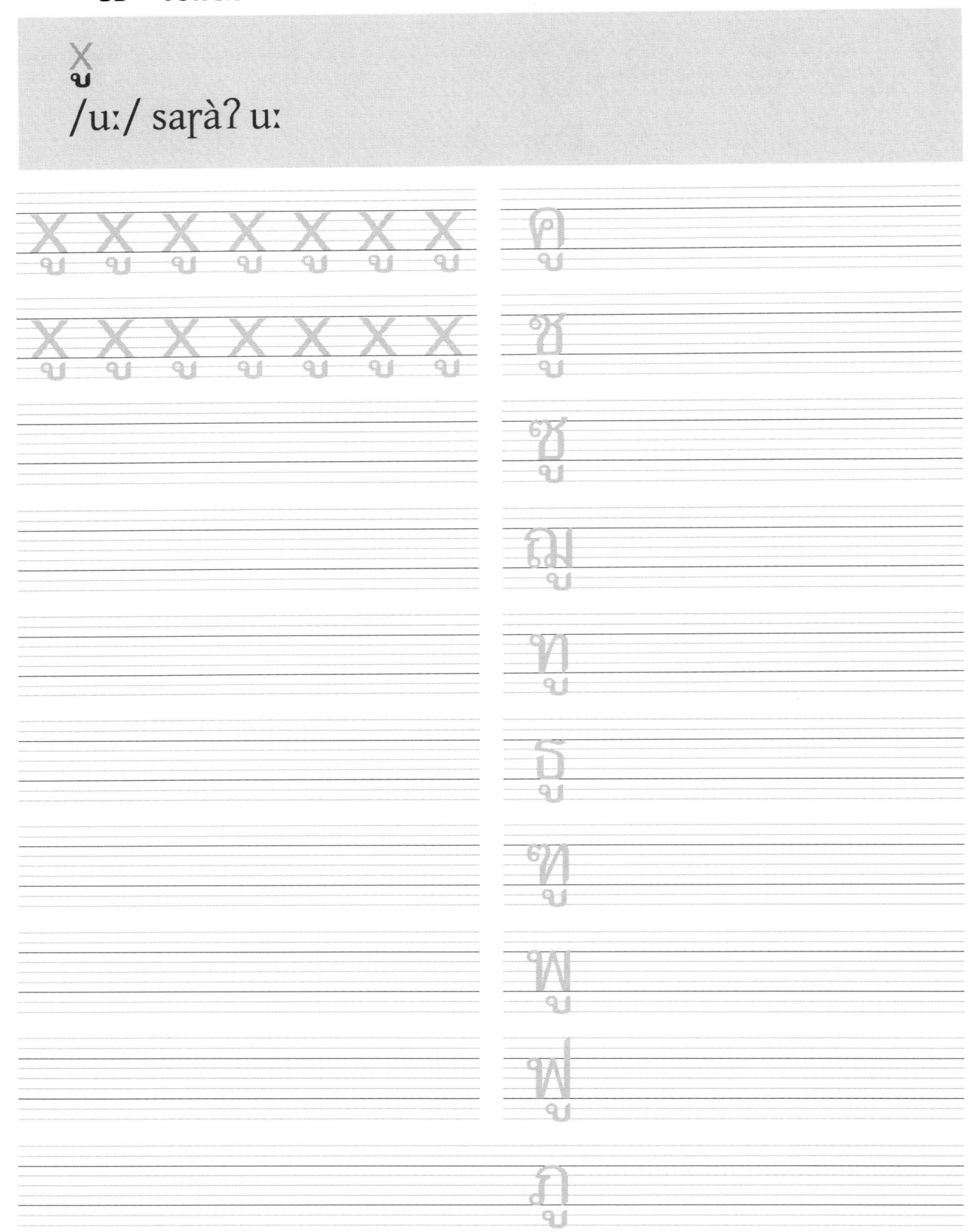

Xู

/uː/ saɽàʔ uː

Xู Xู Xู Xู Xู Xู Xู

Xู Xู Xู Xู Xู Xู Xู

คู

ชู

ซู

ญู

ทู

ธู

ฑู

พู

ฟู

ภู

3B - Vowels

Xุ
/u/ saɽàʔ ùʔ

Xุ Xุ Xุ Xุ Xุ Xุ Xุ

Xุ Xุ Xุ Xุ Xุ Xุ Xุ

คุ

ชุ

ซุ

ฌุ

ทุ

ธุ

ฑุ

พุ

ฟุ

ภุ

3B - Vowels

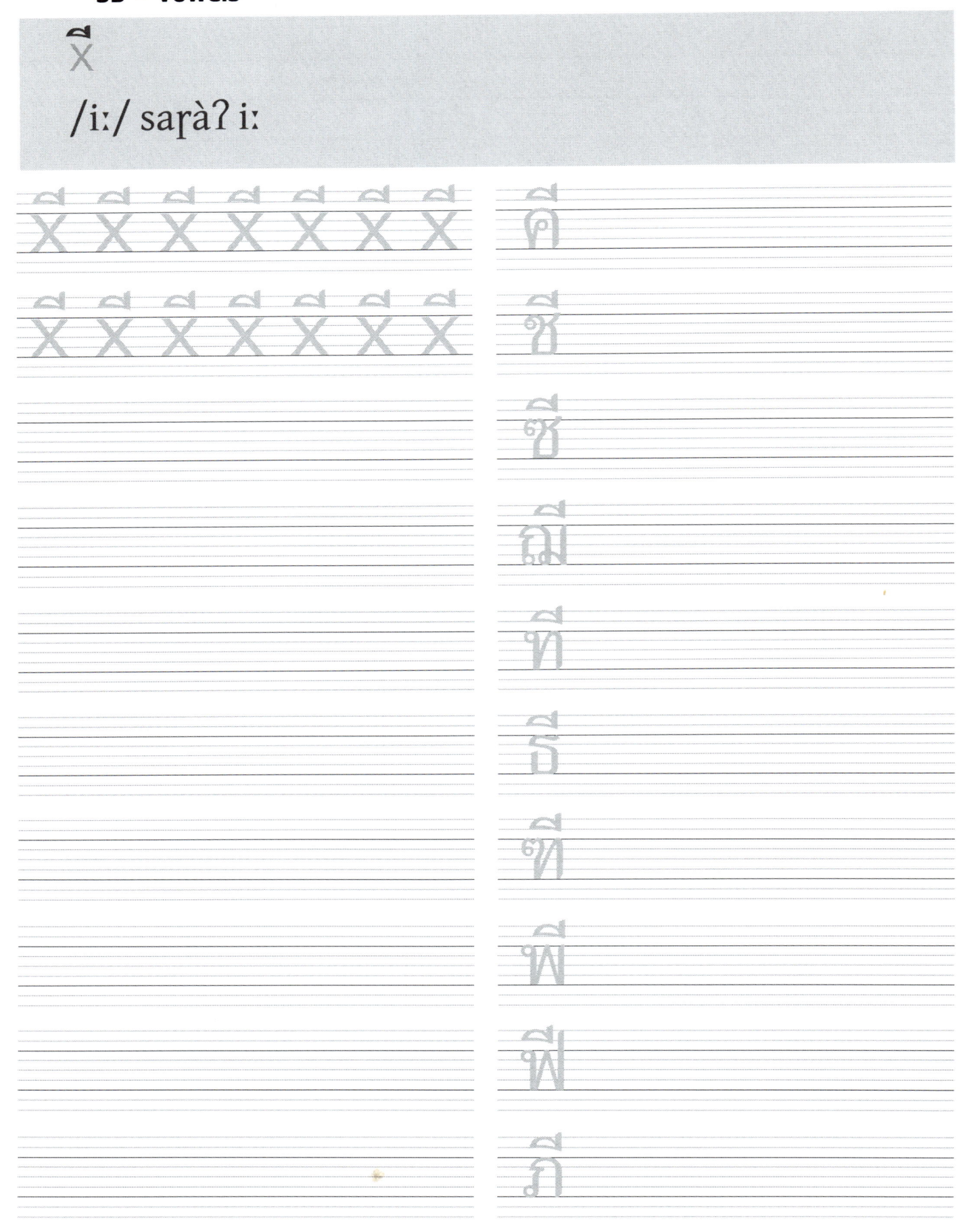

Xี

/iː/ saɽàʔ iː

Xี Xี Xี Xี Xี Xี Xี

Xี Xี Xี Xี Xี Xี Xี

คี

ซี

ชี

ฌี

ที

ธี

ฑี

พี

ฟี

ภี

ิX

/i/ saɽàʔ ìʔ

ิX ิX ิX ิX ิX ิX ิX

ิX ิX ิX ิX ิX ิX ิX

คิ

ซิ

ชิ

ฌิ

ทิ

ธิ

ฑิ

พิ

ฟิ

ภิ

3B - Vowels

Xือ

/ɯː/ saɽàʔ ɯː

Xือ Xือ Xือ Xือ

Xือ Xือ Xือ Xือ

คือ

ชือ

ซือ

ฌือ

ทือ

ธือ

ฑือ

พือ

ฟือ

ภือ

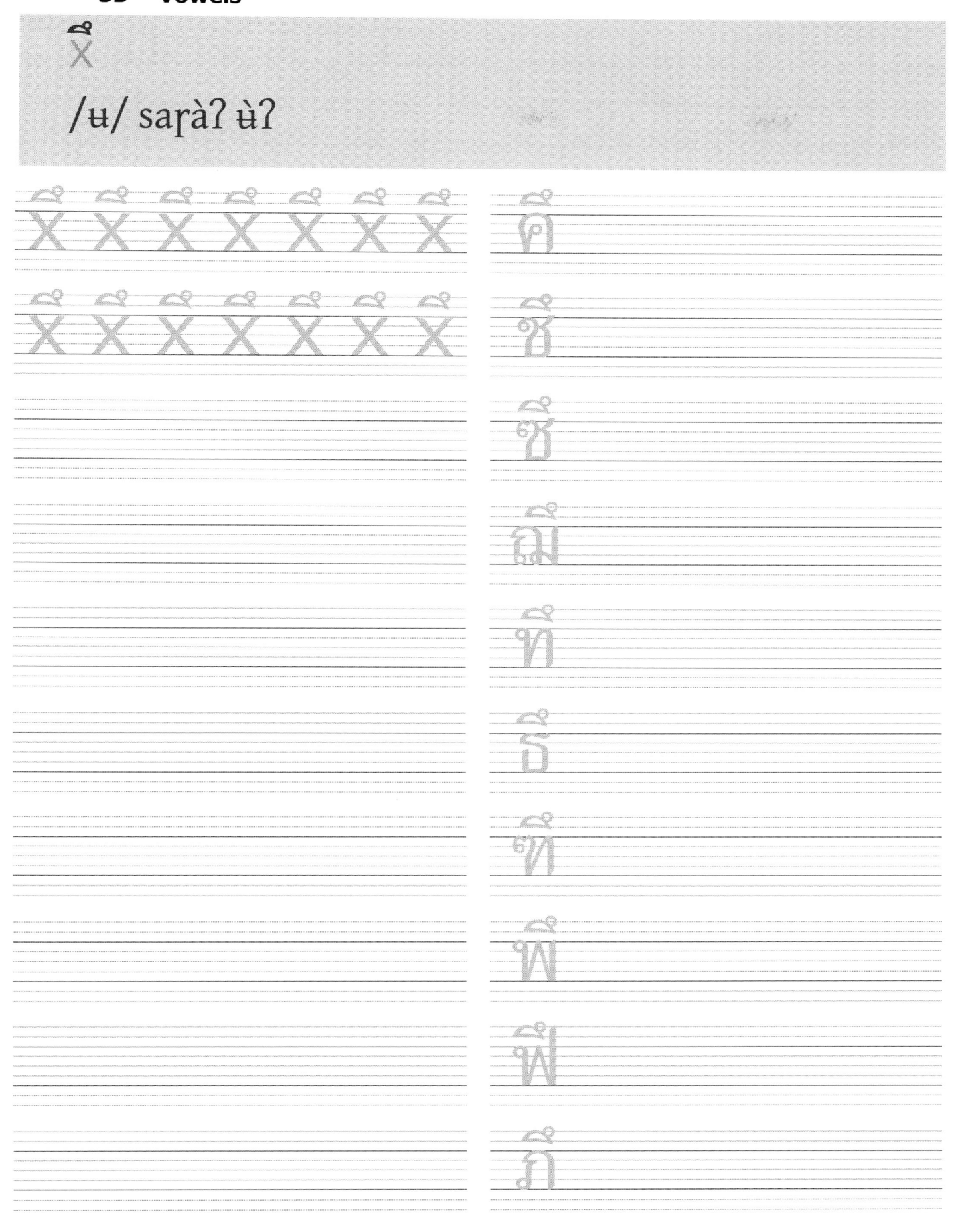

3B - Vowels

Xึ

/ɯ/ saɽàʔ ɯ̀ʔ

Xึ Xึ Xึ Xึ Xึ Xึ Xึ

Xึ Xึ Xึ Xึ Xึ Xึ Xึ

คึ

ชึ

ซึ

ฌึ

ทึ

ธึ

ฑึ

พึ

ฟึ

ภึ

3B - Vowels

Add more words

3B - Vowels

/ɨː/ saràʔ ɨː

คื ชื่ ซื่ ฌื มื ที ธี ทื พื ฟื ภื

3B - Vowels

Add more words

4A - Consonants

งอ งู

ŋɔː ŋuː

/ŋ/

ง

ง ง ง ง ง ง ง ง ง ง ง ง ง ง

ง ง ง ง ง ง ง ง ง ง ง ง ง ง

4A - Consonants

นอ หนู
nɔː nǔː

/n/ น

น น น น น น น น น น น น น น

น น น น น น น น น น น น น น

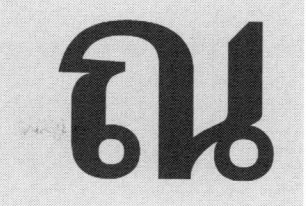

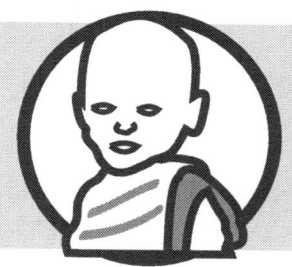

ณอ เณร

nɔː neːn

/n/

ณ

ณ ณ ณ ณ ณ ณ ณ ณ ณ ณ

ณ ณ ณ ณ ณ ณ ณ ณ ณ ณ

รอ เรือ

ɽɔː ɽɯːa

/ɽ/

ร

ร ร ร ร ร ร ร ร ร ร ร ร ร ร

ร ร ร ร ร ร ร ร ร ร ร ร ร ร

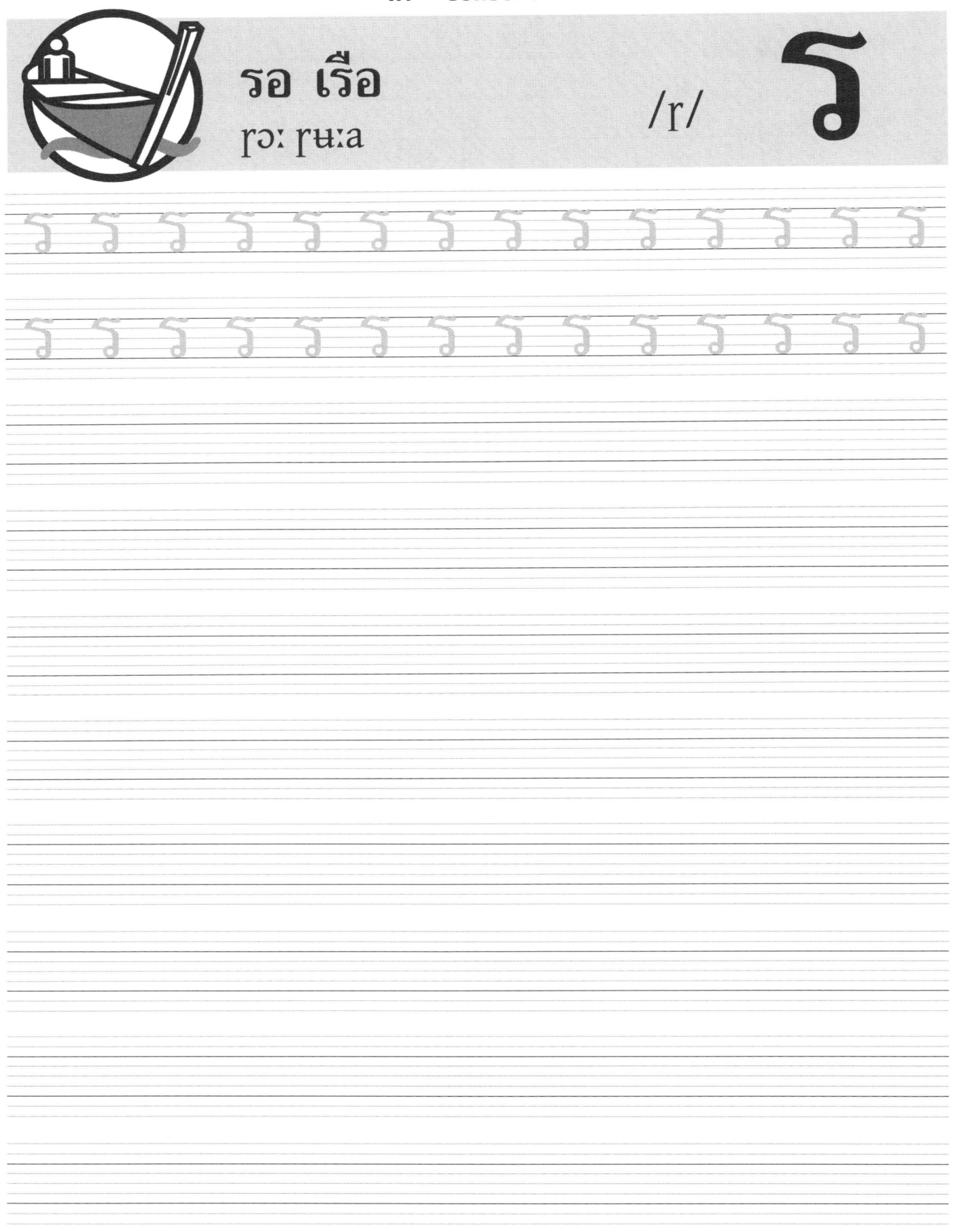

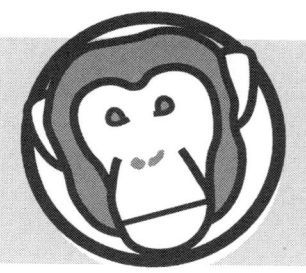

ลอ ลิง

lɔː liŋ

/l/

ล

ล ล ล ล ล ล ล ล ล ล ล ล ล ล

ล ล ล ล ล ล ล ล ล ล ล ล ล ล

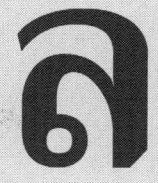

4A - Consonants

ฬอ จุฬา
lɔː tʸùlaː

/l/

ฬ

ฬ ฬ ฬ ฬ ฬ ฬ ฬ ฬ ฬ ฬ ฬ ฬ

ฬ ฬ ฬ ฬ ฬ ฬ ฬ ฬ ฬ ฬ ฬ ฬ

มอ ม้า

mɔː máː

/m/

ม

ม ม ม ม ม ม ม ม ม ม ม ม ม ม

ม ม ม ม ม ม ม ม ม ม ม ม ม ม

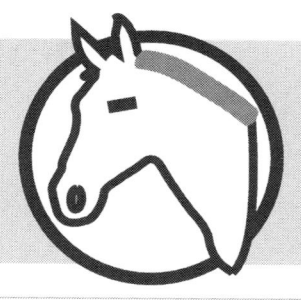

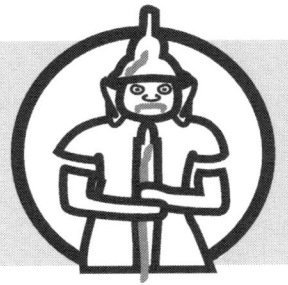

ยอ ยักษ์

Yɔː yák

/y/

ย

ย ย ย ย ย ย ย ย ย ย ย ย ย ย

ย ย ย ย ย ย ย ย ย ย ย ย ย ย

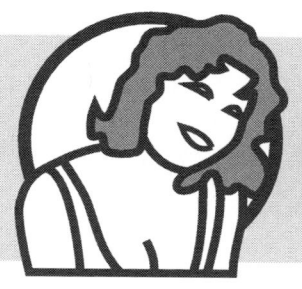

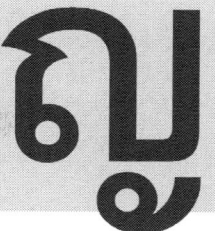

ญอ หญิง

Yɔː Yǐŋ

/Y/

ญ

ญ ญ ญ ญ ญ ญ ญ ญ ญ ญ

ญ ญ ญ ญ ญ ญ ญ ญ ญ ญ

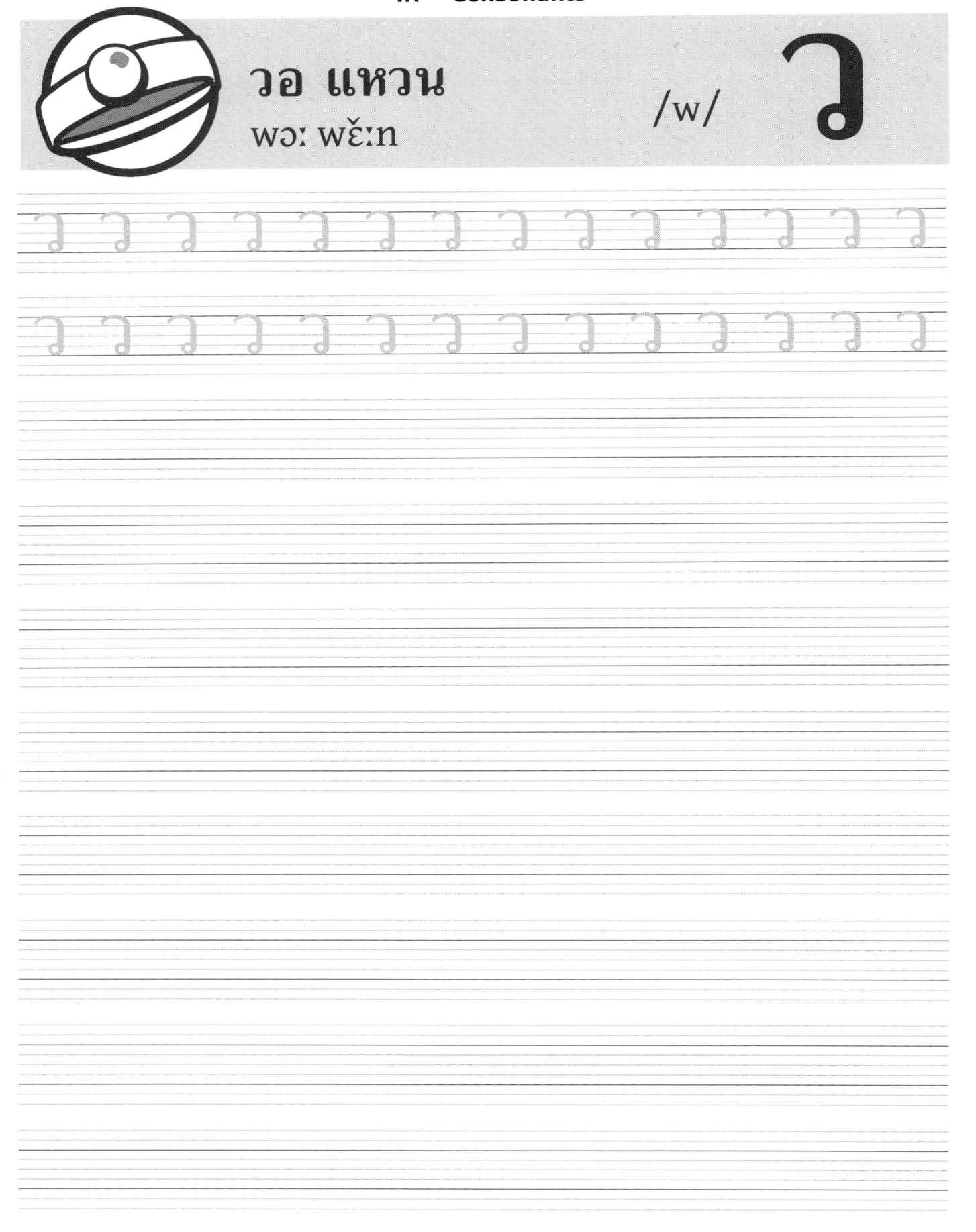

วอ แหวน

wɔː wɛ̌ːn

/w/

ว

ว ว ว ว ว ว ว ว ว ว ว ว ว ว

ว ว ว ว ว ว ว ว ว ว ว ว ว ว

4A - Consonants

Add more words

4B - Vowels

เXอ

/əː/ saɽàʔ əː

เXอ เXอ เXอ

เXอ เXอ เXอ

Xัว

/uːa/ saɽàʔ uːa

Xัว Xัว Xัว

Xัว Xัว Xัว

เXีย
/iːa/ saɾàʔ iːa

เXือ
/ɨːa/ saɾàʔ ɨːa

เXีย เXีย เXีย
เXีย เXีย เXีย

เXือ เXือ เXือ
เXือ เXือ เXือ

ເXອະ

/ə/ saɽàʔ əʔ

ເXອະ ເXອະ ເXອະ

ເXອະ ເXອະ ເXອະ

Xັວະ

/ua/ saɽàʔ ùaʔ

Xັວະ Xັວະ Xັວະ

Xັວະ Xັວະ Xັວະ

4B - Vowels

เxียะ
/ia/ sarà? ìa?

เxือะ
/ɯa/ sarà? ɯ̀a?

4B - Vowels

ɪxx
/əː/

xɔx
/uːa/

4B - Vowels

เXย	เXา
/ɤːy/	/aw/ saɾàʔ aw

เXย เXย เXย เXย

เXย เXย เXย เXย

เXา เXา เXา เXา

เXา เXา เXา เXา

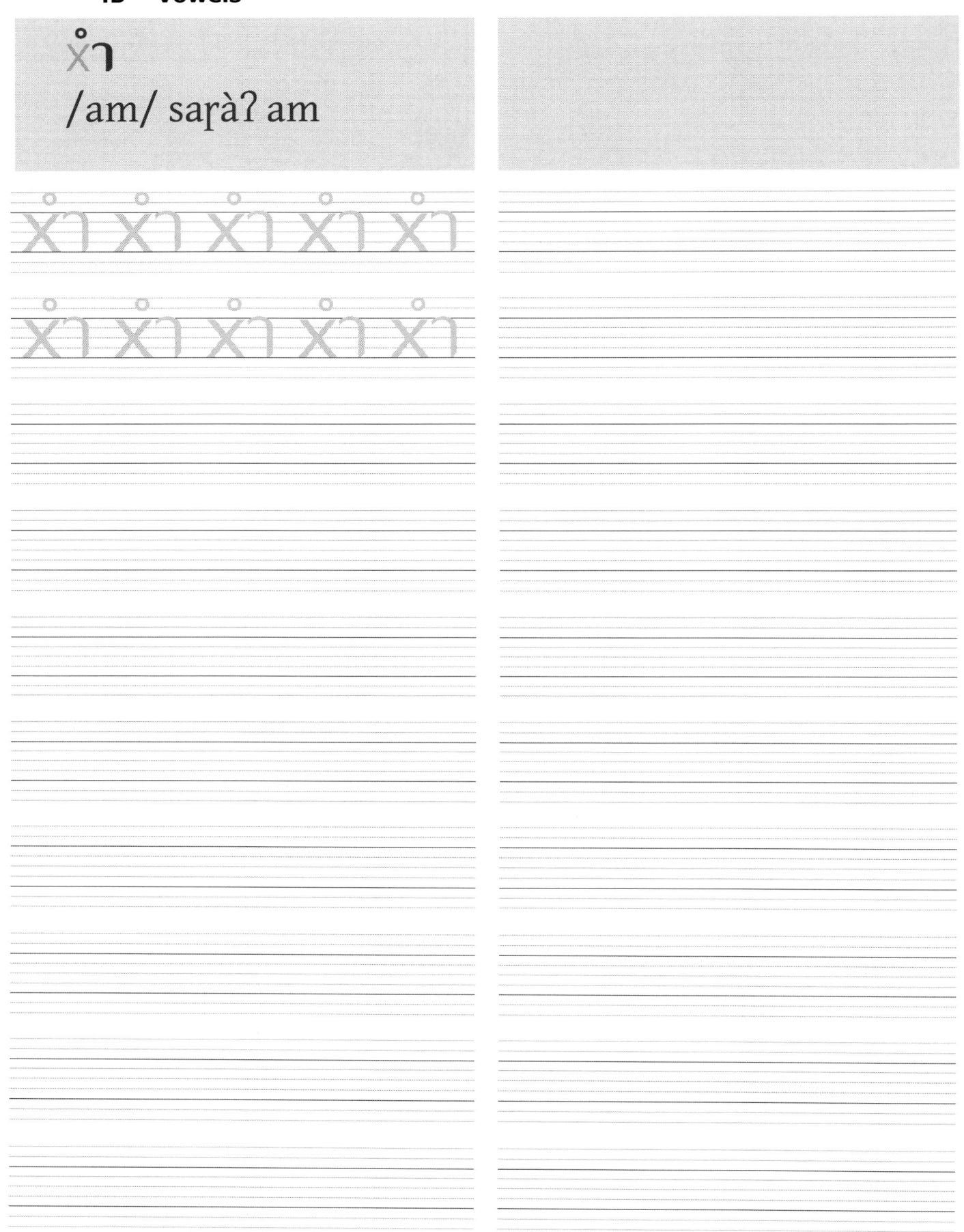

xำ

/am/ saɽàʔ am

xำ xำ xำ xำ xำ

xำ xำ xำ xำ xำ

4B - Vowels

Add more words

4B - Vowels

Add more words

5A - Consonants

ฃอ ฃวด
kʰɔ̌ː kʰùːat

/kʰ/

ฃ

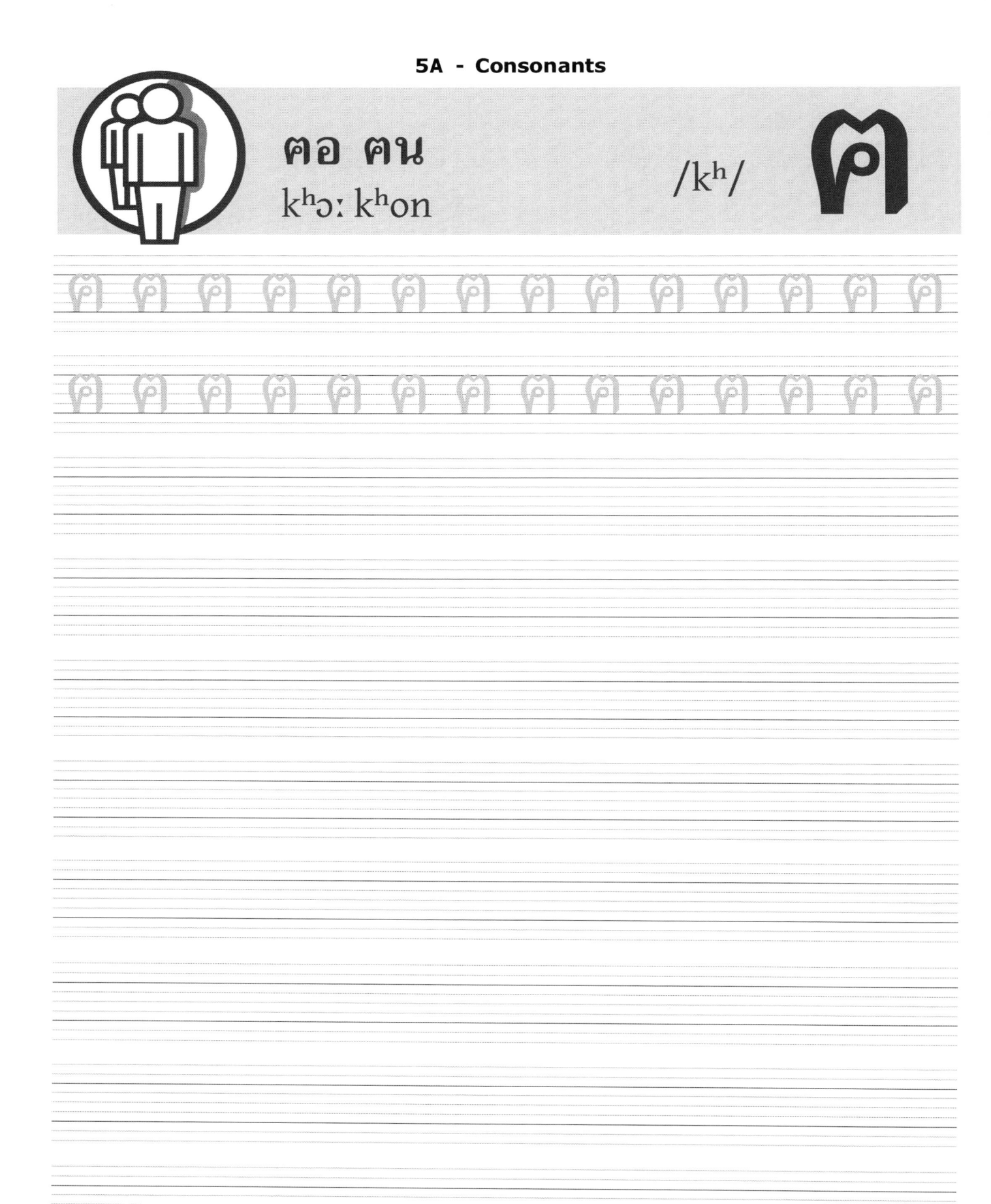

คอ คน

k^{h}ɔː k^{h}on

/k^{h}/

ค

ค ค ค ค ค ค ค ค ค ค ค ค ค ค

ค ค ค ค ค ค ค ค ค ค ค ค ค ค

5A - Marks

X̊

ka:ran

5A - Marks

X่X

mâʏ ʔèːk

X้X

mâʏ tʰoː

5A - Marks

Add more words

5A - Marks

Add more words

5B - Vowels

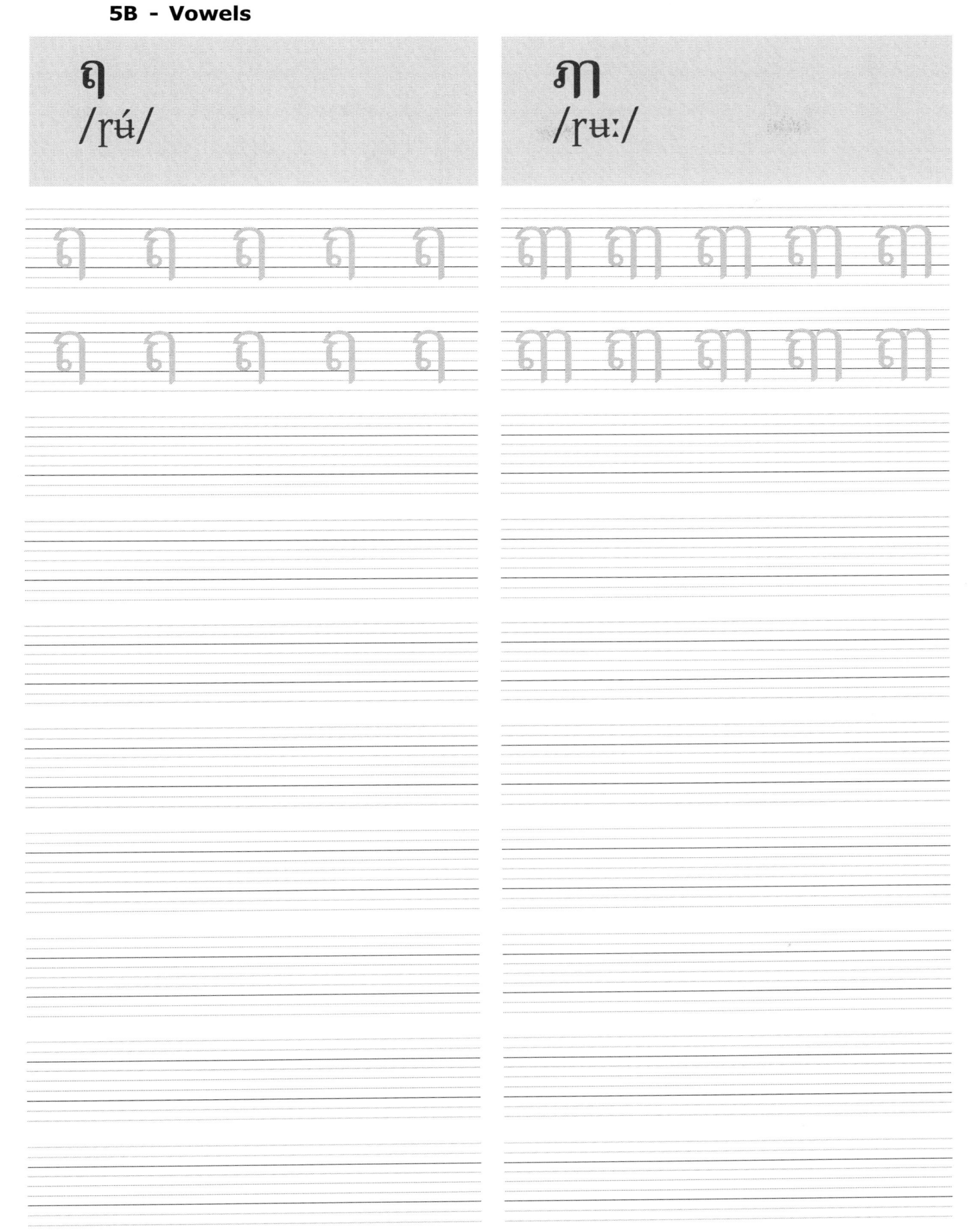

ฤ
/ɼɨ́/

ฤ ฤ ฤ ฤ ฤ

ฤ ฤ ฤ ฤ ฤ

ฤๅ
/ɼɨː/

ฤๅ ฤๅ ฤๅ ฤๅ ฤๅ

ฤๅ ฤๅ ฤๅ ฤๅ ฤๅ

5B - Vowels

ฦ
/lɨ́/

ฦๅ
/lɨ́ː/

ฦ ฦ ฦ ฦ ฦ

ฦ ฦ ฦ ฦ ฦ

ฦๅ ฦๅ ฦๅ ฦๅ ฦๅ

ฦๅ ฦๅ ฦๅ ฦๅ ฦๅ

รร

ɽɔː hăn

รร รร รร รร

รร รร รร รร

5B - Marks

X๊X

mâʏ tɽiː

X๊X X๊X X๊X X๊X

X๊X X๊X X๊X X๊X

X๋X

mâʏ tʸàttawaː

X๋X X๋X X๋X X๋X

X๋X X๋X X๋X X๋X

5B - Marks

Add more words

5B - Marks

Add more words

Printed in Great Britain
by Amazon

61253126R00056